MON CAHIER
D'écriture
cursive

Pour Adultes
& Adolescents

A · A · A · A · A · A · A · A · A

Technologie · Technologie · Technologie

La seule façon de faire du bon travail

est d'aimer ce que l'on fait avec passion

La seule façon de faire du bon travail

est d'aimer ce que l'on fait avec passion

CE CAHIER APPARTIENT À :

INTRODUCTION

NOUS VOUS OFFRONS CE LIVRE AFIN QUE VOUS PUISSIEZ PRATIQUER L'ÉCRITURE CURSIVE, QUE VOUS SOYEZ DÉBUTANT OU QUE VOUS SOUHAITIEZ PERFECTIONNER VOS COMPÉTENCES.

LE CAHIER EST STRUCTURÉ AVEC DES GUIDES, CONTENANT DES LETTRES MAJUSCULES ET MINUSCULES, DES MOTS, DES PHRASES MOTIVANTES POUR RENFORCER L'AUTO-MOTIVATION PENDANT LA PRATIQUE.

CE CAHIER VOUS AIDERA À PRATIQUER L'ÉCRITURE CURSIVE CONFORTABLEMENT. IL CONTIENT UNE POLICE ADAPTÉE ET COURANTE QUI PEUT VOUS AIDER À AMÉLIORER VOTRE ÉCRITURE CURSIVE.

L'ACTIVITÉ D'ÉCRITURE MANUSCRITE OFFRE DE NOMBREUX AVANTAGES, NOTAMMENT POUR LE CERVEAU ET LA SANTÉ MENTALE. AVEC UNE PRATIQUE RÉGULIÈRE ET DE LA PATIENCE, VOUS POUVEZ ATTEINDRE VOS OBJECTIFS !

BEKALEARN PUBLISHING

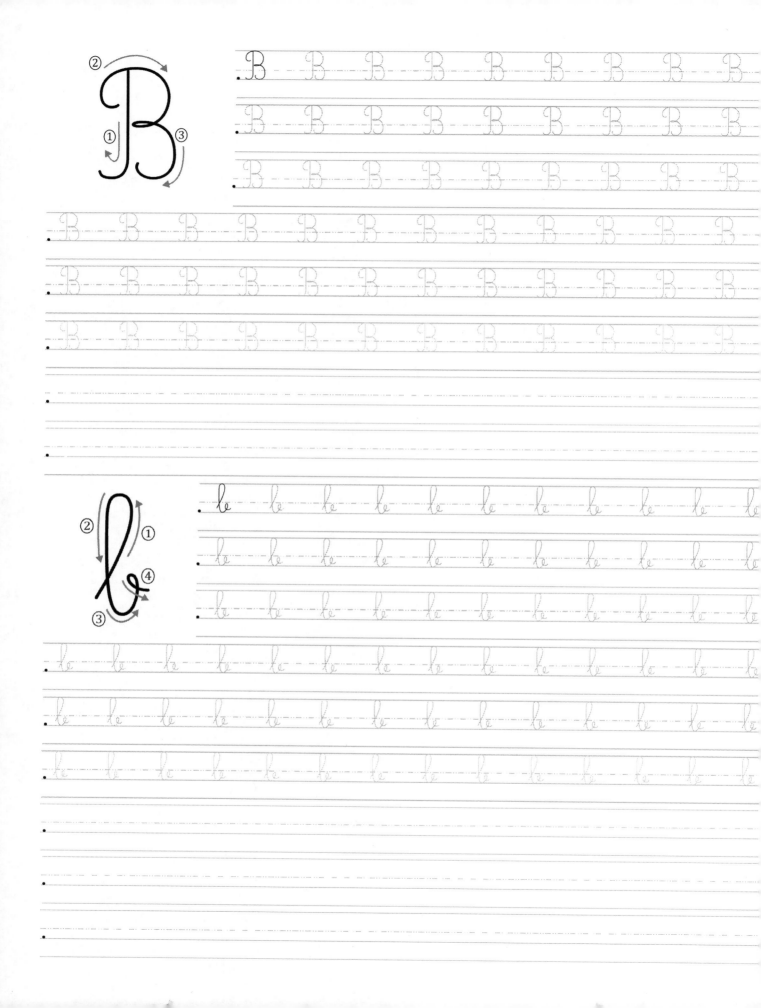

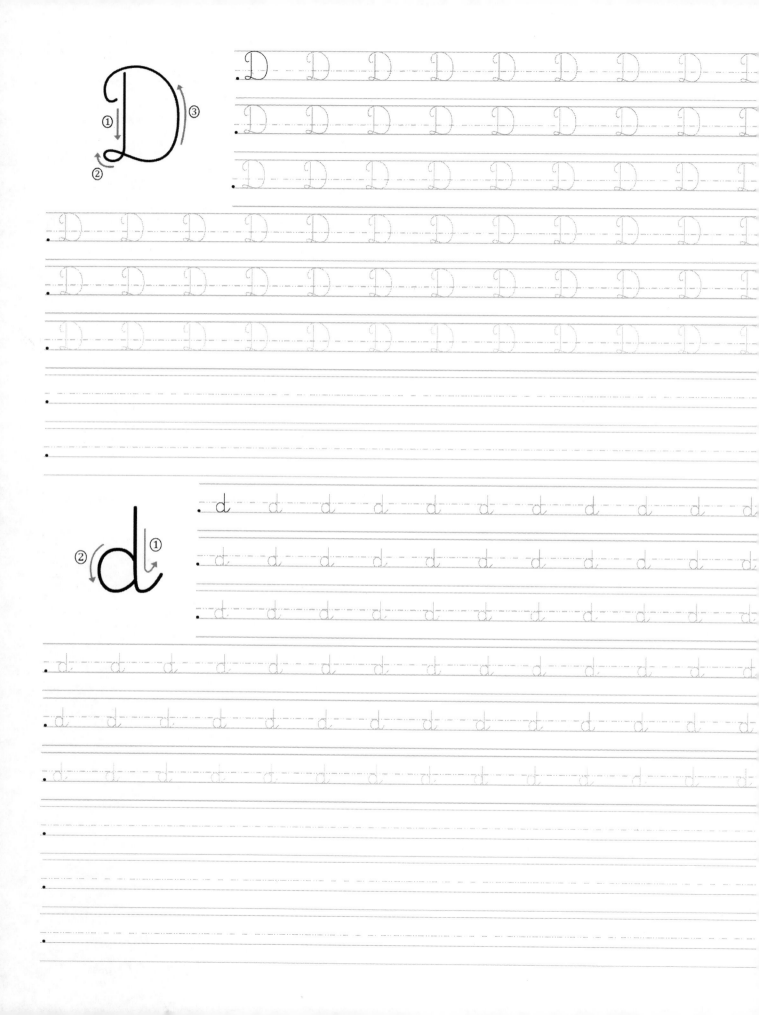

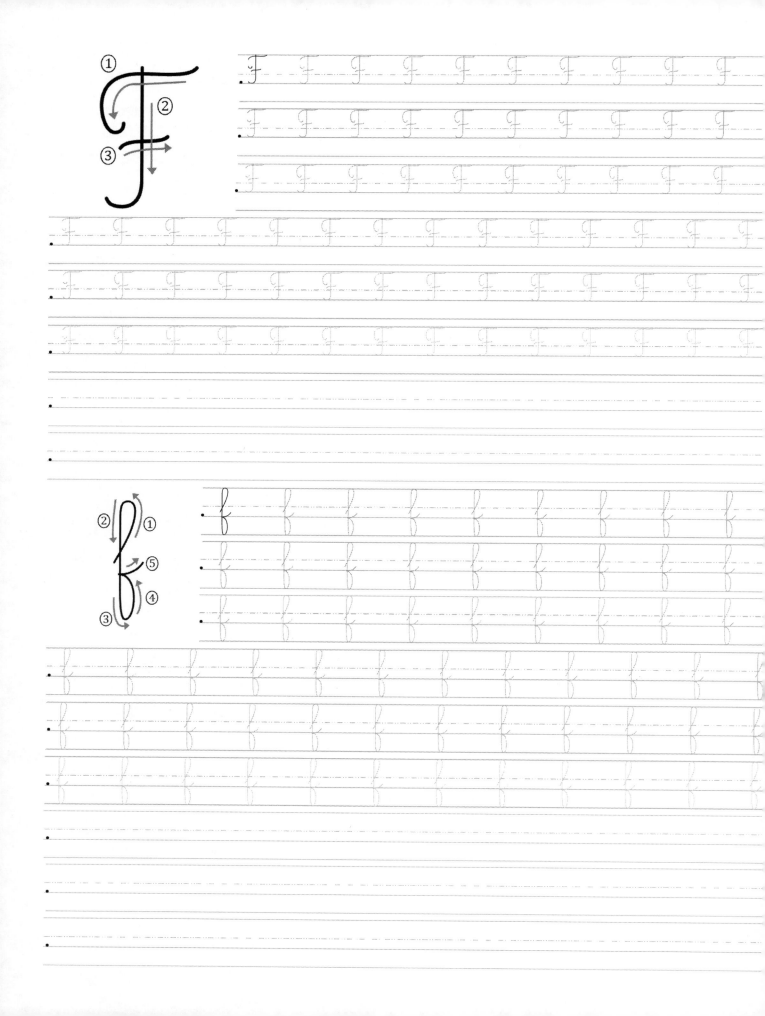

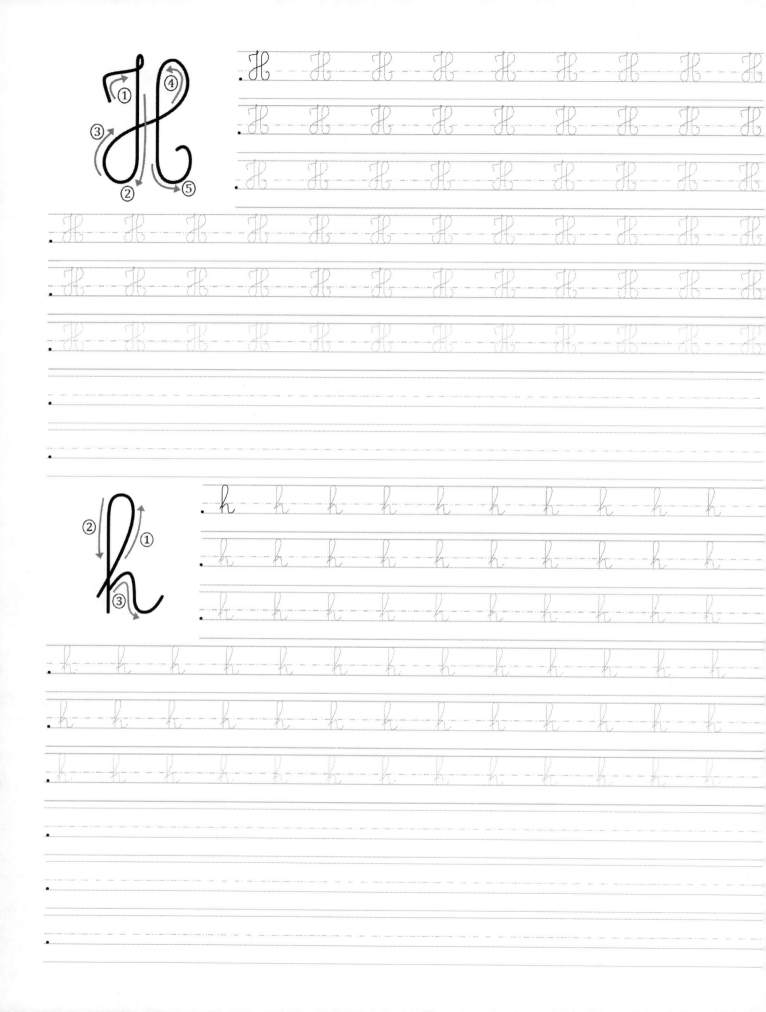

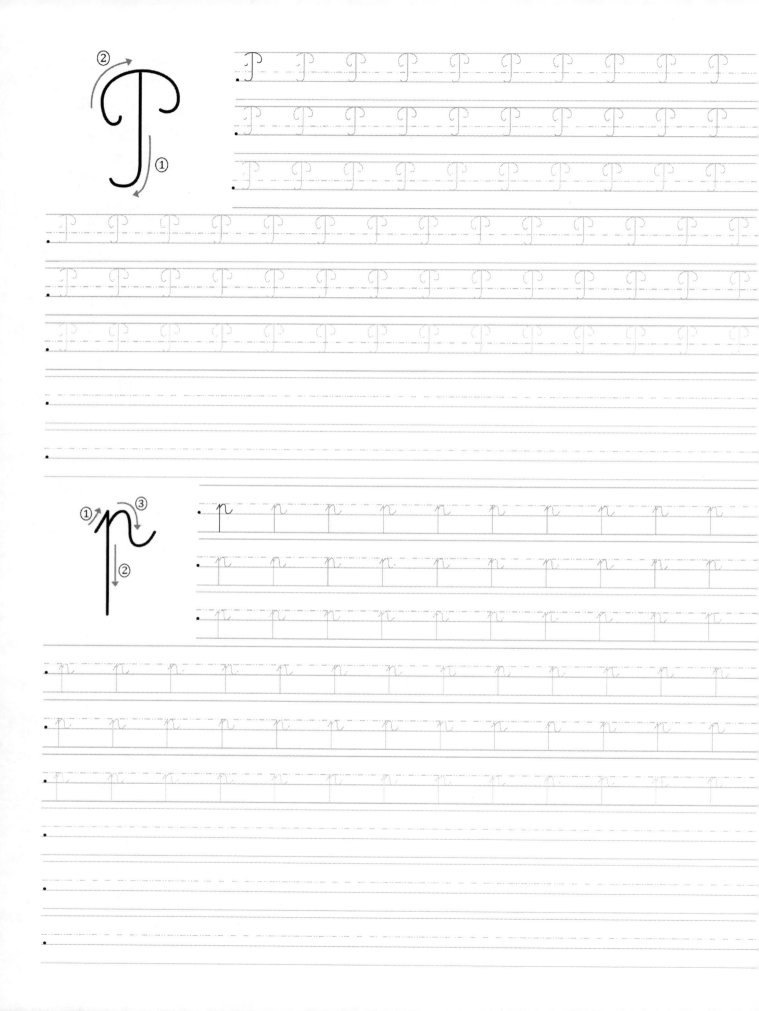

Personnel Personnel Personnel Personnel

Personnel Personnel Personnel Personnel

Reconaissance Reconaissance Reconaissance

Reconaissance Reconaissance Reconaissance

Harmonie Harmonie Harmonie Harmonie

Harmonie Harmonie Harmonie Harmonie

Ingénieurie Ingénieurie Ingénieurie Ingénieurie

Ingénieurie Ingénieurie Ingénieurie Ingénieurie

Installation Installation Installation Installation

Installation Installation Installation Installation

Victoire Victoire Victoire Victoire Victoire

Gratitude Gratitude Gratitude Gratitude Gratitude

Gratitude Gratitude Gratitude Gratitude Gratitude

Supplémentaire Supplémentaire Supplémentaire

Supplémentaire Supplémentaire Supplémentaire

Découverte Découverte Découverte Découverte

Découverte Découverte Découverte Découverte

Atmosphère Atmosphère Atmosphère Atmosphère

Atmosphère Atmosphère Atmosphère Atmosphère

Spectateurs Spectateurs Spectateurs Spectateurs

Spectateurs Spectateurs Spectateurs Spectateurs

Effectuer Effectuer Effectuer Effectuer

Reconnaître Reconnaître Reconnaître Reconnaître

Reconnaître Reconnaître Reconnaître Reconnaître

Paramétrage Paramétrage Paramétrage Paramétrage

Paramétrage Paramétrage Paramétrage Paramétrage

Sagesse Sagesse Sagesse Sagesse Sagesse

Sagesse Sagesse Sagesse Sagesse Sagesse

Développement Développement Développement

Développement Développement Développement

Géographie Géographie Géographie Géographie

Géographie Géographie Géographie Géographie

Industriel Industriel Industriel Industriel

Vocabulaire   Vocabulaire   Vocabulaire   Vocabulaire
Vocabulaire   Vocabulaire   Vocabulaire   Vocabulaire

Inspiration   Inspiration   Inspiration   Inspiration
Inspiration   Inspiration   Inspiration   Inspiration

Confiture   Confiture   Confiture   Confiture
Confiture   Confiture   Confiture   Confiture

Ambition   Ambition   Ambition   Ambition
Ambition   Ambition   Ambition   Ambition

Transparence   Transparence   Transparence
Transparence   Transparence   Transparence

Ordinateur   Ordinateur   Ordinateur   Ordinateur

Tradition Tradition Tradition Tradition

Tradition Tradition Tradition Tradition

Société Société Société Société Société Société

Société Société Société Société Société Société

Divertissement Divertissement Divertissement

Divertissement Divertissement Divertissement

Photographie Photographie Photographie

Photographie Photographie Photographie

Tranquillité Tranquillité Tranquillité

Tranquillité Tranquillité Tranquillité

Intensité Intensité Intensité Intensité Intensité

Montagne   Montagne   Montagne   Montagne

Montagne   Montagne   Montagne   Montagne

Réussite   Réussite   Réussite   Réussite   Réussite

Réussite   Réussite   Réussite   Réussite   Réussite

Imprimante   Imprimante   Imprimante   Imprimante

Imprimante   Imprimante   Imprimante   Imprimante

Enthousiasme   Enthousiasme   Enthousiasme

Enthousiasme   Enthousiasme   Enthousiasme

Constitution   Constitution   Constitution   Constitution

Constitution   Constitution   Constitution   Constitution

Immeuble   Immeuble   Immeuble   Immeuble

Générosité   Générosité   Générosité   Générosité
Générosité   Générosité   Générosité   Générosité

Innovation   Innovation   Innovation   Innovation
Innovation   Innovation   Innovation   Innovation

Magnificence   Magnificence   Magnificence
Magnificence   Magnificence   Magnificence

Transformation   Transformation   Transformation
Transformation   Transformation   Transformation

Persévérance   Persévérance   Persévérance
Persévérance   Persévérance   Persévérance

Stratégie   Stratégie   Stratégie   Stratégie   Stratégie

Positivité Positivité Positivité Positivité Positivité

Positivité Positivité Positivité Positivité Positivité

Environnement Environnement Environnement

Environnement Environnement Environnement

Démographie Démographie Démographie

Démographie Démographie Démographie

Optimisme Optimisme Optimisme Optimisme

Optimisme Optimisme Optimisme Optimisme

Tolérance Tolérance Tolérance Tolérance

Tolérance Tolérance Tolérance Tolérance

Language Language Language Language

Astronomie   Astronomie   Astronomie   Astronomie

Astronomie   Astronomie   Astronomie   Astronomie

Technologie   Technologie   Technologie   Technologie

Technologie   Technologie   Technologie   Technologie

Robustesse   Robustesse   Robustesse   Robustesse

Robustesse   Robustesse   Robustesse   Robustesse

Responsabilité   Responsabilité   Responsabilité

Responsabilité   Responsabilité   Responsabilité

Papillon   Papillon   Papillon   Papillon   Papillon

Papillon   Papillon   Papillon   Papillon   Papillon

Croissance   Croissance   Croissance   Croissance

Excellence Excellence Excellence Excellence

Excellence Excellence Excellence Excellence

Voisinage Voisinage Voisinage Voisinage

Voisinage Voisinage Voisinage Voisinage

Préparation Préparation Préparation Préparation

Préparation Préparation Préparation Préparation

Entraînement Entraînement Entraînement

Entraînement Entraînement Entraînement

Instruction Instruction Instruction Instruction

Instruction Instruction Instruction Instruction

Dressage Dressage Dressage Dressage Dressage

Accompagner

Littérature

Dramaturge

Journaliste

Hirondelle

Océanique

Bouquetin   Bouquetin   Bouquetin   Bouquetin

Bouquetin   Bouquetin   Bouquetin   Bouquetin

Angleterre   Angleterre   Angleterre   Angleterre

Angleterre   Angleterre   Angleterre   Angleterre

Logiquement   Logiquement   Logiquement

Logiquement   Logiquement   Logiquement

Grossesse   Grossesse   Grossesse   Grossesse

Grossesse   Grossesse   Grossesse   Grossesse

Lunettes   Lunettes   Lunettes   Lunettes   Lunettes

Lunettes   Lunettes   Lunettes   Lunettes   Lunettes

Raccourci   Raccourci   Raccourci   Raccourci

Australie

Bracelet

Minuscule

Léopard

Cadeaux

Applaudir

Conducteur Conducteur Conducteur Conducteur
Conducteur Conducteur Conducteur Conducteur

Portefeuille Portefeuille Portefeuille Portefeuille
Portefeuille Portefeuille Portefeuille Portefeuille

Fonctionnement Fonctionnement Fonctionnement
Fonctionnement Fonctionnement Fonctionnement

Réfrigérateur Réfrigérateur Réfrigérateur
Réfrigérateur Réfrigérateur Réfrigérateur

Silhouette Silhouette Silhouette Silhouette
Silhouette Silhouette Silhouette Silhouette

Labyrinthe Labyrinthe Labyrinthe Labyrinthe

Tentacule Tentacule Tentacule Tentacule

Tentacule Tentacule Tentacule Tentacule

Disposition Disposition Disposition Disposition

Disposition Disposition Disposition Disposition

Chauffeur Chauffeur Chauffeur Chauffeur

Chauffeur Chauffeur Chauffeur Chauffeur

Sacrifice Sacrifice Sacrifice Sacrifice Sacrifice

Sacrifice Sacrifice Sacrifice Sacrifice Sacrifice

Assaisonnement Assaisonnement Assaisonnement

Assaisonnement Assaisonnement Assaisonnement

Propagation Propagation Propagation Propagation

Extracteur   Extracteur   Extracteur   Extracteur

Extracteur   Extracteur   Extracteur   Extracteur

Ensemble   Ensemble   Ensemble   Ensemble

Ensemble   Ensemble   Ensemble   Ensemble

Partenariat   Partenariat   Partenariat   Partenariat

Partenariat   Partenariat   Partenariat   Partenariat

Berceuse   Berceuse   Berceuse   Berceuse   Berceuse

Berceuse   Berceuse   Berceuse   Berceuse   Berceuse

Microphone   Microphone   Microphone   Microphone

Microphone   Microphone   Microphone   Microphone

Stupéfaction   Stupéfaction   Stupéfaction   Stupéfaction

Diagonale   Diagonale   Diagonale   Diagonale
Diagonale   Diagonale   Diagonale   Diagonale

Piscine   Piscine   Piscine   Piscine   Piscine   Piscine
Piscine   Piscine   Piscine   Piscine   Piscine   Piscine

Fermeture   Fermeture   Fermeture   Fermeture
Fermeture   Fermeture   Fermeture   Fermeture

Télécharger   Télécharger   Télécharger   Télécharger
Télécharger   Télécharger   Télécharger   Télécharger

Injection   Injection   Injection   Injection   Injection
Injection   Injection   Injection   Injection   Injection

Perpendiculaire   Perpendiculaire   Perpendiculaire

Enveloppe   Enveloppe   Enveloppe   Enveloppe
Enveloppe   Enveloppe   Enveloppe   Enveloppe

Assistance   Assistance   Assistance   Assistance
Assistance   Assistance   Assistance   Assistance

Pinceau   Pinceau   Pinceau   Pinceau   Pinceau
Pinceau   Pinceau   Pinceau   Pinceau   Pinceau

Spectacle   Spectacle   Spectacle   Spectacle   Spectacle
Spectacle   Spectacle   Spectacle   Spectacle   Spectacle

Casserole   Casserole   Casserole   Casserole
Casserole   Casserole   Casserole   Casserole

Parachute   Parachute   Parachute   Parachute   Parachute

Contractuel Contractuel Contractuel Contractuel

Contractuel Contractuel Contractuel Contractuel

Vaporisation Vaporisation Vaporisation

Vaporisation Vaporisation Vaporisation

Botanique Botanique Botanique Botanique

Botanique Botanique Botanique Botanique

Printemps Printemps Printemps Printemps

Printemps Printemps Printemps Printemps

Utilisation Utilisation Utilisation Utilisation

Utilisation Utilisation Utilisation Utilisation

Pastèque Pastèque Pastèque Pastèque Pastèque

Clignotement Clignotement Clignotement
Clignotement Clignotement Clignotement

Remorquage Remorquage Remorquage Remorquage
Remorquage Remorquage Remorquage Remorquage

Dictionnaire Dictionnaire Dictionnaire
Dictionnaire Dictionnaire Dictionnaire

Allumer Allumer Allumer Allumer Allumer
Allumer Allumer Allumer Allumer Allumer

Cannelle Cannelle Cannelle Cannelle
Cannelle Cannelle Cannelle Cannelle

Projection Projection Projection Projection Projection

Embrasse le voyage, défie les limites et découvre

l'extraordinaire en toi, tu peux également le faire

Embrasse le voyage, défie les limites et découvre

l'extraordinaire en toi, tu peux également le faire

Embrasse le voyage, défie les limites et découvre

l'extraordinaire en toi, tu peux également le faire

Transforme les revers en retours, chaque obstacle

est une marche vers ton plus grand succès

Transforme les revers en retours, chaque obstacle

est une marche vers ton plus grand succès

Transforme les revers en retours, chaque obstacle

est une marche vers ton plus grand succès

Ose rêver grand, travaille dur, reste concentré,

et n'oublie pas de t'entourer de bonnes personnes

Ose rêver grand, travaille dur, reste concentré,

et n'oublie pas de t'entourer de bonnes personnes

Ose rêver grand, travaille dur, reste concentré,

et n'oublie pas de t'entourer de bonnes personnes

Le succès commence par un seul pas, alors sois

courageux de faire ce pas vers ton plus grand succès

Le succès commence par un seul pas, alors sois

courageux de faire ce pas vers ton plus grand succès

Le succès commence par un seul pas, alors sois

courageux de faire ce pas vers ton plus grand succès

La seule façon de faire du bon travail est d'aimer ce
que l'on fait avec passion, dévouement et persévérance

La seule façon de faire du bon travail est d'aimer ce
que l'on fait avec passion, dévouement et persévérance

La seule façon de faire du bon travail est d'aimer ce
que l'on fait avec passion, dévouement et persévérance

Lorsque tu as confiance en tes capacités et tes forces,
tu peux absolument accomplir de grandes choses

Lorsque tu as confiance en tes capacités et tes forces,
tu peux absolument accomplir de grandes choses

Lorsque tu as confiance en tes capacités et tes forces,
tu peux absolument accomplir de grandes choses

Tu es capable de réaliser n'importe quoi si tu crois
en toi et en tout ce que tu es et si tu travailles dur

Tu es capable de réaliser n'importe quoi si tu crois
en toi et en tout ce que tu es et si tu travailles dur

Tu es capable de réaliser n'importe quoi si tu crois
en toi et en tout ce que tu es et si tu travailles dur

Il est important de faire ce premier pas vers un objecti
chaque réussite commence par une décision difficile

Il est important de faire ce premier pas vers un objecti
chaque réussite commence par une décision difficile

Il est important de faire ce premier pas vers un objectif
chaque réussite commence par une décision difficile

Garde les yeux rivés sur les étoiles mais reste ancré

dans la réalité tout en restant concentré sur le présent

Garde les yeux rivés sur les étoiles mais reste ancré

dans la réalité tout en restant concentré sur le présent

Garde les yeux rivés sur les étoiles mais reste ancré

dans la réalité tout en restant concentré sur le présent

Les doutes dans le présent peuvent entraver les

réalisations futures, surmontez-les pour succéder

Les doutes dans le présent peuvent entraver les

réalisations futures, surmontez-les pour succéder

Les doutes dans le présent peuvent entraver les

réalisations futures, surmontez-les pour succéder

La force vient de surmonter les choses que tu pensais
autrefois impossibles, et cela renforce la résilience

La force vient de surmonter les choses que tu pensais
autrefois impossibles, et cela renforce la résilience

La force vient de surmonter les choses que tu pensais
autrefois impossibles, et cela renforce la résilience

Les défis contiennent souvent des opportunités cachées d
croissance et de succès, alors reste résilient et optimiste

Les défis contiennent souvent des opportunités cachées d
croissance et de succès, alors reste résilient et optimiste

Les défis contiennent souvent des opportunités cachées d
croissance et de succès, alors reste résilient et optimiste

Les situations difficiles peuvent en fait servir de
catalyseurs pour l'innovation et l'apprentissage

Les situations difficiles peuvent en fait servir de
catalyseurs pour l'innovation et l'apprentissage

Les situations difficiles peuvent en fait servir de
catalyseurs pour l'innovation et l'apprentissage

Lorsque vous êtes heureux et épanoui, vous êtes plus
susceptible d'être motivé, créatif et résilient

Lorsque vous êtes heureux et épanoui, vous êtes plus
susceptible d'être motivé, créatif et résilient

Lorsque vous êtes heureux et épanoui, vous êtes plus
susceptible d'être motivé, créatif et résilient

Le bonheur est la clé du succès, il est important de

prioriser la santé mentale pour atteindre les objectifs

Le bonheur est la clé du succès, il est important de

prioriser la santé mentale pour atteindre les objectifs

Le bonheur est la clé du succès, il est important de

prioriser la santé mentale pour atteindre les objectifs

Pour naviguer à travers les défis de la vie nous

devons maintenir une mentalité proactive et optimiste

Pour naviguer à travers les défis de la vie nous

devons maintenir une mentalité proactive et optimiste

Pour naviguer à travers les défis de la vie nous

devons maintenir une mentalité proactive et optimiste

L'attitude a une influence significative sur la vie d'une
personne, elle peut conduire à de grands résultats

L'attitude a une influence significative sur la vie d'une
personne, elle peut conduire à de grands résultats

L'attitude a une influence significative sur la vie d'une
personne, elle peut conduire à de grands résultats

Chaque jour est un nouveau départ, sois prêt à prendre
une nouvelle inspiration et à recommencer à neuf

Chaque jour est un nouveau départ, sois prêt à prendre
une nouvelle inspiration et à recommencer à neuf

Chaque jour est un nouveau départ, sois prêt à prendre
une nouvelle inspiration et à recommencer à neuf

On n'est jamais trop vieux pour atteindre un nouvel
objectif, l'âge ne devrait jamais être un obstacle
On n'est jamais trop vieux pour atteindre un nouvel
objectif, l'âge ne devrait jamais être un obstacle
On n'est jamais trop vieux pour atteindre un nouvel
objectif, l'âge ne devrait jamais être un obstacle

Les défis rendent la vie intéressante, faire face aux
défis fait partie du voyage de la vie, restons positifs
Les défis rendent la vie intéressante, faire face aux
défis fait partie du voyage de la vie, restons positifs
Les défis rendent la vie intéressante, faire face aux
défis fait partie du voyage de la vie, restons positifs

Quand vous êtes passionné par ce que vous faites, vous
serez plus à l'aise pour augmenter votre productivité

Quand vous êtes passionné par ce que vous faites, vous
serez plus à l'aise pour augmenter votre productivité

Quand vous êtes passionné par ce que vous faites, vous
serez plus à l'aise pour augmenter votre productivité

Ceux qui ont foi en le potentiel de leurs rêves sont
ceux qui obtiendront de grands résultats à l'avenir

Ceux qui ont foi en le potentiel de leurs rêves sont
ceux qui obtiendront de grands résultats à l'avenir

Ceux qui ont foi en le potentiel de leurs rêves sont
ceux qui obtiendront de grands résultats à l'avenir

La peur peut être un obstacle entre vous et vos rêves,
sortez de votre zone de confort pour la surmonter

La peur peut être un obstacle entre vous et vos rêves,
sortez de votre zone de confort pour la surmonter

La peur peut être un obstacle entre vous et vos rêves,
sortez de votre zone de confort pour la surmonter

La croyance sert en réalité de catalyseur pour les
actions et les plans lors de vos voyages et défis

La croyance sert en réalité de catalyseur pour les
actions et les plans lors de vos voyages et défis

La croyance sert en réalité de catalyseur pour les
actions et les plans lors de vos voyages et défis

N'attends pas passivement que le moment parfait arrive

essaie de chercher et de créer des opportunités toi-même

N'attends pas passivement que le moment parfait arrive

essaie de chercher et de créer des opportunités toi-même

N'attends pas passivement que le moment parfait arrive

essaie de chercher et de créer des opportunités toi-même

Le voyage peut être difficile, mais la destination en

vaut la peine, alors reste résilient et persévère

Le voyage peut être difficile, mais la destination en

vaut la peine, alors reste résilient et persévère

Le voyage peut être difficile, mais la destination en

vaut la peine, alors reste résilient et persévère

La mentalité qui a conduit à un problème ne peut pas
être la même que celle utilisée pour le résoudre
La mentalité qui a conduit à un problème ne peut pas
être la même que celle utilisée pour le résoudre
La mentalité qui a conduit à un problème ne peut pas
être la même que celle utilisée pour le résoudre

Il est toujours beau de répandre la positivité et de créer
des champs de bonheur pour vivre un sentiment de joie
Il est toujours beau de répandre la positivité et de créer
des champs de bonheur pour vivre un sentiment de joie
Il est toujours beau de répandre la positivité et de créer
des champs de bonheur pour vivre un sentiment de joie

La créativité est un facteur important, il est honorable

de prendre des risques de poursuivre une idée originale

La créativité est un facteur important, il est honorable

de prendre des risques de poursuivre une idée originale

La créativité est un facteur important, il est honorable

de prendre des risques de poursuivre une idée originale

La véritable satisfaction vient du fait d'être honnête

avec soi-même, indépendamment des attentes des autres

La véritable satisfaction vient du fait d'être honnête

avec soi-même, indépendamment des attentes des autres

La véritable satisfaction vient du fait d'être honnête

avec soi-même, indépendamment des attentes des autres

Nous ne définissons pas le succès par l'absence d'échec,

mais par la capacité à tirer des leçons des revers

Nous ne définissons pas le succès par l'absence d'échec,

mais par la capacité à tirer des leçons des revers

Nous ne définissons pas le succès par l'absence d'échec,

mais par la capacité à tirer des leçons des revers

Tu ne peux pas toujours contrôler ce qui t'arrive,

mais tu peux contrôler ta façon d'y répondre

Tu ne peux pas toujours contrôler ce qui t'arrive,

mais tu peux contrôler ta façon d'y répondre

Tu ne peux pas toujours contrôler ce qui t'arrive,

mais tu peux contrôler ta façon d'y répondre

Si nous remettons en question les récits négatifs que
nous nous racontons, nous pouvons avancer

Si nous remettons en question les récits négatifs que
nous nous racontons, nous pouvons avancer

Si nous remettons en question les récits négatifs que
nous nous racontons, nous pouvons avancer

Il est important de saisir l'instant présent et de
l'imprégner de positivité, d'énergie et d'enthousiasme

Il est important de saisir l'instant présent et de
l'imprégner de positivité, d'énergie et d'enthousiasme

Il est important de saisir l'instant présent et de
l'imprégner de positivité, d'énergie et d'enthousiasme

Si nous avons l'intention de rendre chaque jour
formidable, nous pouvons cultiver un bon état d'esprit
Si nous avons l'intention de rendre chaque jour
formidable, nous pouvons cultiver un bon état d'esprit
Si nous avons l'intention de rendre chaque jour
formidable, nous pouvons cultiver un bon état d'esprit

Le chemin vers le succès et le chemin vers l'échec
peuvent parfois sembler similaires, tous deux difficiles
Le chemin vers le succès et le chemin vers l'échec
peuvent parfois sembler similaires, tous deux difficiles
Le chemin vers le succès et le chemin vers l'échec
peuvent parfois sembler similaires, tous deux difficiles

Les échecs sont des parties inévitables de la vie, nous devons maintenir notre enthousiasme malgré eux

Les échecs sont des parties inévitables de la vie, nous devons maintenir notre enthousiasme malgré eux

Les échecs sont des parties inévitables de la vie, nous devons maintenir notre enthousiasme malgré eux

Le succès se définit par la volonté de continuer d'essayer, d'apprendre malgré les difficultés rencontrées

Le succès se définit par la volonté de continuer d'essayer, d'apprendre malgré les difficultés rencontrées

Le succès se définit par la volonté de continuer d'essayer, d'apprendre malgré les difficultés rencontrées

Si vous vous engagez profondément dans vos passions avec concentration, vous trouverez votre voie

Si vous vous engagez profondément dans vos passions avec concentration, vous trouverez votre voie

Si vous vous engagez profondément dans vos passions avec concentration, vous trouverez votre voie

Le succès apporte la tranquillité d'esprit, commençons à écrire notre histoire de vie de la meilleure façon

Le succès apporte la tranquillité d'esprit, commençons à écrire notre histoire de vie de la meilleure façon

Le succès apporte la tranquillité d'esprit, commençons à écrire notre histoire de vie de la meilleure façon

Vis chaque jour en chérissant chaque expérience

et chaque opportunité qui se présente avec passion

Live each day cherishing each experience and

et chaque opportunité qui se présente avec passion

Live each day cherishing each experience and

et chaque opportunité qui se présente avec passion

Si tu sors de ta zone de confort, tu révéleras des

passions cachées dont tu n'avais pas conscience

Si tu sors de ta zone de confort, tu révéleras des

passions cachées dont tu n'avais pas conscience

Si tu sors de ta zone de confort, tu révéleras des

passions cachées dont tu n'avais pas conscience

C'est merveilleux d'explorer de nouveaux places

et aventures pour voir les choses sous différents angles

C'est merveilleux d'explorer de nouveaux places

et aventures pour voir les choses sous différents angles

C'est merveilleux d'explorer de nouveaux places

et aventures pour voir les choses sous différents angles

Si tu sors de ta zone de confort, tu révéleras des

passions cachées dont tu n'avais pas conscience

Si tu sors de ta zone de confort, tu révéleras des

passions cachées dont tu n'avais pas conscience

Si tu sors de ta zone de confort, tu révéleras des

passions cachées dont tu n'avais pas conscience

Apprendre de ses expériences, surtout de ses erreurs
et de ses défis, peut être difficile mais inestimable

Apprendre de ses expériences, surtout de ses erreurs
et de ses défis, peut être difficile mais inestimable

Apprendre de ses expériences, surtout de ses erreurs
et de ses défis, peut être difficile mais inestimable

Concentre-toi sur le présent et oublie tes regrets et tes
erreurs passées, ne t'attarde pas trop sur le passé

Concentre-toi sur le présent et oublie tes regrets et tes
erreurs passées, ne t'attarde pas trop sur le passé

Concentre-toi sur le présent et oublie tes regrets et tes
erreurs passées, ne t'attarde pas trop sur le passé

Le succès se définit par les réalisations personnelles,

aussi par l'inspiration que tu suscites chez les autres

Le succès se définit par les réalisations personnelles,

aussi par l'inspiration que tu suscites chez les autres

Le succès se définit par les réalisations personnelles,

aussi par l'inspiration que tu suscites chez les autres

Si tu veux accomplir l'impossible, crois que c'est

possible, fais tes plans et sois persévérant

Si tu veux accomplir l'impossible, crois que c'est

possible, fais tes plans et sois persévérant

Si tu veux accomplir l'impossible, crois que c'est

possible, fais tes plans et sois persévérant

Fixer des objectifs te donne une clarté sur ce que tu
possible, fais tes plans et sois persévérant

Fixer des objectifs te donne une clarté sur ce que tu
possible, fais tes plans et sois persévérant

Fixer des objectifs te donne une clarté sur ce que tu
possible, fais tes plans et sois persévérant

Tu dois diriger tous tes pensées et ton attention vers la
tâche à accomplir pour atteindre ton objectif

Tu dois diriger tous tes pensées et ton attention vers la
tâche à accomplir pour atteindre ton objectif

Tu dois diriger tous tes pensées et ton attention vers la
tâche à accomplir pour atteindre ton objectif

En évitant les distractions dans le moment présent, tu

peux maximiser ta productivité et ton efficacité

En évitant les distractions dans le moment présent, tu

peux maximiser ta productivité et ton efficacité

En évitant les distractions dans le moment présent, tu

peux maximiser ta productivité et ton efficacité

Le succès peut sembler être une question de chance de

l'extérieur, en réalité c'est le résultat d'efforts constants

Le succès peut sembler être une question de chance de

l'extérieur, en réalité c'est le résultat d'efforts constants

Le succès peut sembler être une question de chance de

l'extérieur, en réalité c'est le résultat d'efforts constants

Les objectifs servent de moyens importants de

motivation, ils t'inspirent à passer à l'action

Les objectifs servent de moyens importants de

motivation, ils t'inspirent à passer à l'action

Les objectifs servent de moyens importants de

motivation, ils t'inspirent à passer à l'action

Le succès se mesure par la distance parcourue depuis

ton point de départ, n'en pas la distance d'arrivage

Le succès se mesure par la distance parcourue depuis

ton point de départ, n'en pas la distance d'arrivage

Le succès se mesure par la distance parcourue depuis

ton point de départ, n'en pas la distance d'arrivage

Commence à travailler vers tes objectifs quelles que
soient tes circonstances actuelles, n'attends pas plus

Commence à travailler vers tes objectifs quelles que
soient tes circonstances actuelles, n'attends pas plus

Commence à travailler vers tes objectifs quelles que
soient tes circonstances actuelles, n'attends pas plus

Pour voir des améliorations dans le monde, tu devrais
commencer par appliquer ces changements toi-même

Pour voir des améliorations dans le monde, tu devrais
commencer par appliquer ces changements toi-même

Pour voir des améliorations dans le monde, tu devrais
commencer par appliquer ces changements toi-même

En aspirant à l'amélioration de soi, nous améliorons
aussi le monde qui nous entoure positivement

En aspirant à l'amélioration de soi, nous améliorons
aussi le monde qui nous entoure positivement

En aspirant à l'amélioration de soi, nous améliorons
aussi le monde qui nous entoure positivement

Pour voir des améliorations dans le monde, tu devrais
commencer par appliquer ces changements toi-même

Pour voir des améliorations dans le monde, tu devrais
commencer par appliquer ces changements toi-même

Pour voir des améliorations dans le monde, tu devrais
commencer par appliquer ces changements toi-même

L'éducation renforce votre pensée critique et vos

compétences en résolution de problèmes

L'éducation renforce votre pensée critique et vos

compétences en résolution de problèmes

L'éducation renforce votre pensée critique et vos

compétences en résolution de problèmes

Il est toujours important de prendre le premier pas

pour atteindre les objectifs à long terme

Il est toujours important de prendre le premier pas

pour atteindre les objectifs à long terme

Il est toujours important de prendre le premier pas

pour atteindre les objectifs à long terme

Une activité sportive régulière améliore la santé mentale
réduit le stress et améliore l'humeur et le bien-être

Une activité sportive régulière améliore la santé mentale
réduit le stress et améliore l'humeur et le bien-être

Une activité sportive régulière améliore la santé mentale
réduit le stress et améliore l'humeur et le bien-être

Les sports d'équipe aident à créer des liens sociaux,
offrent un soutien émotionnel, réduisent l'isolement

Les sports d'équipe aident à créer des liens sociaux,
offrent un soutien émotionnel, réduisent l'isolement

Les sports d'équipe aident à créer des liens sociaux,
offrent un soutien émotionnel, réduisent l'isolement

Adopte un état d'esprit sans limites, cela peut
transformer ta vie en un chef-d'œuvre merveilleux
Adopte un état d'esprit sans limites, cela peut
transformer ta vie en un chef-d'œuvre merveilleux
Adopte un état d'esprit sans limites, cela peut
transformer ta vie en un chef-d'œuvre merveilleux

Une bonne gestion du temps nous permet de rester
concentrés, de respecter les délais et d'éviter le stress
Une bonne gestion du temps nous permet de rester
concentrés, de respecter les délais et d'éviter le stress
Une bonne gestion du temps nous permet de rester
concentrés, de respecter les délais et d'éviter le stress

Crois au pouvoir de tes rêves en travaillant dur pour
les réaliser, travaille avec diligence pour les atteindre

Crois au pouvoir de tes rêves en travaillant dur pour
les réaliser, travaille avec diligence pour les atteindre

Crois au pouvoir de tes rêves en travaillant dur pour
les réaliser, travaille avec diligence pour les atteindre

Nous devons savoir que des efforts constants
peuvent nous mener à des réalisations remarquables

Nous devons savoir que des efforts constants
peuvent nous mener à des réalisations remarquables

Nous devons savoir que des efforts constants
peuvent nous mener à des réalisations remarquables

Chaque jour est une nouvelle opportunité de devenir une

meilleure version de toi-même, profite-en au maximum

Chaque jour est une nouvelle opportunité de devenir un

meilleure version de toi-même, profite-en au maximum

Chaque jour est une nouvelle opportunité de devenir un

meilleure version de toi-même, profite-en au maximum

Viser la perfection, même si cela n'est pas possible,

fixe un standard élevé qui conduit à de grands succès

Viser la perfection, même si cela n'est pas possible,

fixe un standard élevé qui conduit à de grands succès

Viser la perfection, même si cela n'est pas possible,

fixe un standard élevé qui conduit à de grands succès

Chaque réussite commence par l'espoir de réussir et la
véritable confiance de la poursuivre avec passion

Chaque réussite commence par l'espoir de réussir et la
véritable confiance de la poursuivre avec passion

Chaque réussite commence par l'espoir de réussir et la
véritable confiance de la poursuivre avec passion

Plutôt que d'observer le temps passer, nous devrions
maintenir notre progression constante vers nos objectifs

Plutôt que d'observer le temps passer, nous devrions
maintenir notre progression constante vers nos objectifs

Plutôt que d'observer le temps passer, nous devrions
maintenir notre progression constante vers nos objectifs

Il est clair que ce que vous récoltez dans la vie est

directement proportionnel à l'effort que vous investissez

Il est clair que ce que vous récoltez dans la vie est

directement proportionnel à l'effort que vous investissez

Il est clair que ce que vous récoltez dans la vie est

directement proportionnel à l'effort que vous investissez

Un effort soutenu, un travail acharné et de la

persévérance peuvent mener à un succès à long terme

Un effort soutenu, un travail acharné et de la

persévérance peuvent mener à un succès à long terme

Un effort soutenu, un travail acharné et de la

persévérance peuvent mener à un succès à long terme

Dans le travail d'équipe, les membres peuvent se
soutenir et s'encourager mutuellement

Dans le travail d'équipe, les membres peuvent se
soutenir et s'encourager mutuellement

Dans le travail d'équipe, les membres peuvent se
soutenir et s'encourager mutuellement

Lorsque nous travaillons en équipe, nous partageons la
responsabilité des succès et des échecs avec engagement

Lorsque nous travaillons en équipe, nous partageons la
responsabilité des succès et des échecs avec engagement

Lorsque nous travaillons en équipe, nous partageons la
responsabilité des succès et des échecs avec engagement

Commencer la journée avec une pensée positive peut
rendre bonne toute la journée, influençant notre humeur
Commencer la journée avec une pensée positive peut
rendre bonne toute la journée, influençant notre humeur
Commencer la journée avec une pensée positive peut
rendre bonne toute la journée, influençant notre humeur

Essaie de maintenir une forte estime de soi et ne laisse
pas les opinions des autres définir ta réalité
Essaie de maintenir une forte estime de soi et ne laisse
pas les opinions des autres définir ta réalité
Essaie de maintenir une forte estime de soi et ne laisse
pas les opinions des autres définir ta réalité

Le succès ne se définit pas seulement par les
possessions matérielles mais plutôt par les qualités
Le succès ne se définit pas seulement par les
possessions matérielles mais plutôt par les qualités
Le succès ne se définit pas seulement par les
possessions matérielles mais plutôt par les qualités

En refusant d'abandonner face à l'adversité, avec
persévérance et résilience, il était devenu un champion
En refusant d'abandonner face à l'adversité, avec
persévérance et résilience, il était devenu un champion
En refusant d'abandonner face à l'adversité, avec
persévérance et résilience, il était devenu un champion

Les décisions que nous prenons en réponse aux
circonstances définissent finalement qui nous sommes

Les décisions que nous prenons en réponse aux
circonstances définissent finalement qui nous sommes

Les décisions que nous prenons en réponse aux
circonstances définissent finalement qui nous sommes

Même une petite quantité d'effort supplémentaire peut
transformer quelque chose de normal à exceptionnel

Même une petite quantité d'effort supplémentaire peut
transformer quelque chose de normal à exceptionnel

Même une petite quantité d'effort supplémentaire peut
transformer quelque chose de normal à exceptionnel

Il est important d'apprécier les simples privilèges

et joies de la vie pour commencer une bonne journée

Il est important d'apprécier les simples privilèges

et joies de la vie pour commencer une bonne journée

Il est important d'apprécier les simples privilèges

et joies de la vie pour commencer une bonne journée

Concentre-toi sur tes objectifs et crée une énergie positive

avec un effort persistant pour atteindre ce que tu désires

Concentre-toi sur tes objectifs et crée une énergie positive

avec un effort persistant pour atteindre ce que tu désires

Concentre-toi sur tes objectifs et crée une énergie positive

avec un effort persistant pour atteindre ce que tu désires

Au lieu d'attendre passivement que l'inspiration vienne

poursuivez activement vos objectifs et projets

Au lieu d'attendre passivement que l'inspiration vienne

poursuivez activement vos objectifs et projets

Au lieu d'attendre passivement que l'inspiration vienne

poursuivez activement vos objectifs et projets

Le succès et la créativité peuvent résulter d'une

combinaison de travail acharné et persévérance

Le succès et la créativité peuvent résulter d'une

combinaison de travail acharné et persévérance

Le succès et la créativité peuvent résulter d'une

combinaison de travail acharné et persévérance

Les encouragements des autres peuvent être précieux,
mais sache que personne ne fera le travail à ta place

Les encouragements des autres peuvent être précieux,
mais sache que personne ne fera le travail à ta place

Les encouragements des autres peuvent être précieux,
mais sache que personne ne fera le travail à ta place

Rester dans les limites de ce qui semble sûr peut limiter
les opportunités de croissance personnelle et de succès

Rester dans les limites de ce qui semble sûr peut limiter
les opportunités de croissance personnelle et de succès

Rester dans les limites de ce qui semble sûr peut limiter
les opportunités de croissance personnelle et de succès

Vivre des moments d'inconfort et relever des défis nous

permet d'apprendre de nouvelles compétences

Vivre des moments d'inconfort et relever des défis nous

permet d'apprendre de nouvelles compétences

Vivre des moments d'inconfort et relever des défis nous

permet d'apprendre de nouvelles compétences

Lorsque tu fais un travail qui correspond à tes

passions et intérêts, cela devient une source de joie

Lorsque tu fais un travail qui correspond à tes

passions et intérêts, cela devient une source de joie

Lorsque tu fais un travail qui correspond à tes

passions et intérêts, cela devient une source de joie

Une discipline constante peut te mener à la maîtrise,
concentre-toi sur tes plans, persévère à travers les défis

Une discipline constante peut te mener à la maîtrise,
concentre-toi sur tes plans, persévère à travers les défis

Une discipline constante peut te mener à la maîtrise,
concentre-toi sur tes plans, persévère à travers les défis

La discipline est comme un pont entre les objectifs
et les accomplissements, reste discipliné et tu arriveras

La discipline est comme un pont entre les objectifs
et les accomplissements, reste discipliné et tu arriveras

La discipline est comme un pont entre les objectifs
et les accomplissements, reste discipliné et tu arriveras

La véritable volonté et l'engagement conduisent à
trouver des solutions, l'opposé résulte en des excuses

La véritable volonté et l'engagement conduisent à
trouver des solutions, l'opposé résulte en des excuses

La véritable volonté et l'engagement conduisent à
trouver des solutions, l'opposé résulte en des excuses

Prenez une décision sage et tenez-y avec confiance,
analysez profondément les situations difficiles

Prenez une décision sage et tenez-y avec confiance,
analysez profondément les situations difficiles

Prenez une décision sage et tenez-y avec confiance,
analysez profondément les situations difficiles

Cultivez un état d'esprit de croissance, apprenez des
erreurs, chaque revers est une opportunité de s'améliorer

Cultivez un état d'esprit de croissance, apprenez des
erreurs, chaque revers est une opportunité de s'améliorer

Cultivez un état d'esprit de croissance, apprenez des
erreurs, chaque revers est une opportunité de s'améliorer

Adoptez la puissance d'un état d'esprit positif, il peut
transformer les rêves en réalité avec du travail continu

Adoptez la puissance d'un état d'esprit positif, il peut
transformer les rêves en réalité avec du travail continu

Adoptez la puissance d'un état d'esprit positif, il peut
transformer les rêves en réalité avec du travail continu

Un état d'esprit positif transforme les défis en

opportunités, adoptez-le pour voir votre vie changer

Un état d'esprit positif transforme les défis en

opportunités, adoptez-le pour voir votre vie changer

Un état d'esprit positif transforme les défis en

opportunités, adoptez-le pour voir votre vie changer

Un état d'esprit résilient transforme les obstacles en

tremplins, nous devons rester forts et être patients

Un état d'esprit résilient transforme les obstacles en

tremplins, nous devons rester forts et être patients

Un état d'esprit résilient transforme les obstacles en

tremplins, nous devons rester forts et être patients

Nous devons savoir que la diligence et l'effort sont des
composants essentiels de toute réalisation significative
Nous devons savoir que la diligence et l'effort sont des
composants essentiels de toute réalisation significative
Nous devons savoir que la diligence et l'effort sont des
composants essentiels de toute réalisation significative

Concentrez-vous sur vos objectifs sans chercher
l'attention, et laissez vos réussites faire leur effet
Concentrez-vous sur vos objectifs sans chercher
l'attention, et laissez vos réussites faire leur effet
Concentrez-vous sur vos objectifs sans chercher
l'attention, et laissez vos réussites faire leur effet

Tu dois continuer à marcher, même si tes pas sont
lents, reste concentré pour atteindre ton objectif

Tu dois continuer à marcher, même si tes pas sont
lents, reste concentré pour atteindre ton objectif

Tu dois continuer à marcher, même si tes pas sont
lents, reste concentré pour atteindre ton objectif

Quand tu crois en toi, tu fais un investissement
important, sourit pour rayonner dans ta vie

Quand tu crois en toi, tu fais un investissement
important, sourit pour rayonner dans ta vie

Quand tu crois en toi, tu fais un investissement
important, sourit pour rayonner dans ta vie

La force ne vient pas seulement du corps, mais de la
détermination, la volonté et de la forte croyance

La force ne vient pas seulement du corps, mais de la
détermination, la volonté et de la forte croyance

La force ne vient pas seulement du corps, mais de la
détermination, la volonté et de la forte croyance

Il est bon de mettre de l'effort dans chaque tâche, peu
importe sa taille, en créant une belle voie vers le futur

Il est bon de mettre de l'effort dans chaque tâche, peu
importe sa taille, en créant une belle voie vers le futur

Il est bon de mettre de l'effort dans chaque tâche, peu
importe sa taille, en créant une belle voie vers le futur

Sois reconnaissant pour ce que tu as, et commence ta

journée avec un état d'esprit déterminé

Sois reconnaissant pour ce que tu as, et commence ta

journée avec un état d'esprit déterminé

Sois reconnaissant pour ce que tu as, et commence ta

journée avec un état d'esprit déterminé

Le succès consiste à répéter un effort quotidien sans

craindre l'échec et à en tirer profit pour s'améliorer

Le succès consiste à répéter un effort quotidien sans

craindre l'échec et à en tirer profit pour s'améliorer

Le succès consiste à répéter un effort quotidien sans

craindre l'échec et à en tirer profit pour s'améliorer

Commence ton voyage même si l'ensemble du chemin

n'est pas encore clair, et même avec des petites choses

Commence ton voyage même si l'ensemble du chemin

n'est pas encore clair, et même avec des petites choses

Commence ton voyage même si l'ensemble du chemin

n'est pas encore clair, et même avec des petites choses

Profitez de chaque instant, la vie est courte, avec de

l'ambition, nous atteignons des objectifs, pas le confort

Profitez de chaque instant, la vie est courte, avec de

l'ambition, nous atteignons des objectifs, pas le confort

Profitez de chaque instant, la vie est courte, avec de

l'ambition, nous atteignons des objectifs, pas le confort

Continuez d'avancer, même si vous êtes seul,
avec un sourire que tout le monde comprend

Continuez d'avancer, même si vous êtes seul,
avec un sourire que tout le monde comprend

Continuez d'avancer, même si vous êtes seul,
avec un sourire que tout le monde comprend

Les amis sont comme les étoiles, vous ne les voyez pas
toujours, mais ils sont toujours là dans la détresse

Les amis sont comme les étoiles, vous ne les voyez pas
toujours, mais ils sont toujours là dans la détresse

Les amis sont comme les étoiles, vous ne les voyez pas
toujours, mais ils sont toujours là dans la détresse

Vous seul pouvez changer votre vie, personne ne peut le
faire à votre place, sachez que l'espoir naît du désespoir

Vous seul pouvez changer votre vie, personne ne peut le
faire à votre place, sachez que l'espoir naît du désespoir

Vous seul pouvez changer votre vie, personne ne peut le
faire à votre place, sachez que l'espoir naît du désespoir

Les bons amis sont comme des piliers, ils vous
soutiennent, vous encouragent et vous aident à grandir

Les bons amis sont comme des piliers, ils vous
soutiennent, vous encouragent et vous aident à grandir

Les bons amis sont comme des piliers, ils vous
soutiennent, vous encouragent et vous aident à grandir

Les vrais amis vous soutiennent à travers les bons
et les mauvais moments, ils offrent toujours le soutien
Les vrais amis vous soutiennent à travers les bons
et les mauvais moments, ils offrent toujours le soutien
Les vrais amis vous soutiennent à travers les bons
et les mauvais moments, ils offrent toujours le soutien

Poursuivez la perfection dans votre travail en vous
concentrant sur les détails et les normes élevées
Poursuivez la perfection dans votre travail en vous
concentrant sur les détails et les normes élevées
Poursuivez la perfection dans votre travail en vous
concentrant sur les détails et les normes élevées

Pour atteindre la perfection, nous avons besoin d'un

engagement remarquable et d'une amélioration constante

Pour atteindre la perfection, nous avons besoin d'un

engagement remarquable et d'une amélioration constante

Pour atteindre la perfection, nous avons besoin d'un

engagement remarquable et d'une amélioration constante

Un excellent travail n'est pas accompli par chance,

mais par un effort acharné et de la dédication

Un excellent travail n'est pas accompli par chance,

mais par un effort acharné et de la dédication

Un excellent travail n'est pas accompli par chance,

mais par un effort acharné et de la dédication

Les défis peuvent sembler impossibles, continuez à
travailler dur et vous verrez des résultats impressifs

Les défis peuvent sembler impossibles, continuez à
travailler dur et vous verrez des résultats impressifs

Les défis peuvent sembler impossibles, continuez à
travailler dur et vous verrez des résultats impressifs

L'indécision peut entraîner des opportunités manquées,
prendre une bonne décision nous fait avancer

L'indécision peut entraîner des opportunités manquées,
prendre une bonne décision nous fait avancer

L'indécision peut entraîner des opportunités manquées,
prendre une bonne décision nous fait avancer

Votre vie ne s'améliore pas par hasard, elle s'améliore
par le changement, et l'échec donne sa saveur au succès

Votre vie ne s'améliore pas par hasard, elle s'améliore
par le changement, et l'échec donne sa saveur au succès

Votre vie ne s'améliore pas par hasard, elle s'améliore
par le changement, et l'échec donne sa saveur au succès

Pour atteindre un grand succès, nous devons nous
engager à devenir excellents dans ce que nous faisons

Pour atteindre un grand succès, nous devons nous
engager à devenir excellents dans ce que nous faisons

Pour atteindre un grand succès, nous devons nous
engager à devenir excellents dans ce que nous faisons

Les personnes qui réussissent font ce que les personnes

qui échouent ne sont pas prêtes à faire

Les personnes qui réussissent font ce que les personnes

qui échouent ne sont pas prêtes à faire

Les personnes qui réussissent font ce que les personnes

qui échouent ne sont pas prêtes à faire

Nous devrions prioriser nos tâches judicieusement, une

persévérez et affinez vos compétences quotidiennement

Nous devrions prioriser nos tâches judicieusement, une

persévérez et affinez vos compétences quotidiennement

Nous devrions prioriser nos tâches judicieusement, une

persévérez et affinez vos compétences quotidiennement

Il est crucial d'avoir des idées, mais la véritable valeur

réside dans la capacité à les mettre en œuvre

Il est crucial d'avoir des idées, mais la véritable valeur

réside dans la capacité à les mettre en œuvre

Il est crucial d'avoir des idées, mais la véritable valeur

réside dans la capacité à les mettre en œuvre

Nous devrions prioriser nos tâches judicieusement, une

gestion efficace du temps mène à une grande productivité

Nous devrions prioriser nos tâches judicieusement, une

gestion efficace du temps mène à une grande productivité

Nous devrions prioriser nos tâches judicieusement, une

gestion efficace du temps mène à une grande productivité

Restez curieux et continuez à apprendre dans la vie,

la connaissance et le courage sont les clés du succès.

Restez curieux et continuez à apprendre dans la vie,

la connaissance et le courage sont les clés du succès.

Restez curieux et continuez à apprendre dans la vie,

la connaissance et le courage sont les clés du succès.

L'apprentissage est le fondement du progrès, car plus

nous apprenons, plus nous grandissons

L'apprentissage est le fondement du progrès, car plus

nous apprenons, plus nous grandissons

L'apprentissage est le fondement du progrès, car plus

nous apprenons, plus nous grandissons

Made in the USA
Columbia, SC
20 November 2024

47205801R00065